L m 3 721

# GÉNÉALOGIE
## CURIEUSE ET REMARQUABLE
### DE MONSIEUR
# PEIXOTTO,

*Juif d'origine , Chrétien de profession, et Banquier de Bordeaux.*

Ouvrage destiné à prouver aux *Mécréans* que M. *Peixotto* descend, en ligne directe, d'*Adam*, de *Noé*, d'*Aaron*, & de tous les *Cohens* de l'univers.

---

*Verùm hæc tantùm inter alias caput extulit urbes, Quantùm lenta solent inter viburna cupressi.*

A AVIGNON,

De l'imprimerie d'AUBANEL, Libraire de Sa Sainteté.

---

1789.

## AVERTISSEMENT.

CE Mémoire a été trouvé dans la bibliothèque de M. Fortin, Curé de Talence, décédé, il y a deux mois. Il nous a paru mériter d'être transmis au public, par sa singularité, par l'adresse avec laquelle il est écrit, & par la circonstance actuelle des affaires publiques.

En effet, dans un temps où tous les Souverains de l'Europe ont de grands intérêts à maintenir, ceux qui sont de la race des Rois peuvent & doivent songer à conserver leurs titres : M. Peixotto est dans cette classe distinguée ; & ce n'est pas une chose peu étonnante de le voir s'attribuer la prétention d'être le plus ancien noble de l'univers.

D'ailleurs, M. Peixotto est indifférent sur le genre de royaume qu'on lui reconnoîtra ; il n'excepte que celui de Cocagne. Et quant à l'occasion de ce Mémoire, la voici.

M. Peixotto, Juif d'origine, s'étoit fait Chrétien en Espagne: de retour en France, il voulut montrer l'ardeur de son zèle: il fit réédifier l'église paroissiale de Talence; il s'en crut le fondateur, & décora l'église de quelques méchans tableaux.

Un seul, placé sur un des principaux autels, avoit pour sujet son baptême. M. Peixotto étoit en santo-benito, l'épée au côté, présenté par son parrein, le Roi d'Espagne, à la Ste-Vierge, élevée dans un nuage, tenant dans ses bras l'enfant Jesus, & ouvrant la bouche, d'où sortoit un ruban couleur de feu, sur lequel on lisoit ces mots: Etant de ma famille, il étoit juste qu'il me fût présenté par le Roi Catholique.

Cette charge, dans le goût espagnol, ne plut point au Curé de Talence: il provoqua

*AVERTISSEMENT.* iij

*une visite de M. l'Archevêque, & le tableau fut ôté.*

*M. Peixotto voulut d'abord interjetter un appel comme d'abus de cette ordonnance : aucun homme de loi ne consentit à s'exposer au ridicule le plus amer, en soutenant une pareille folie; & on lui fit entendre que les Edits & les Cours laissant entièrement aux Prélats l'inspection de la décence des églises, il lui falloit chercher à ramener la prévention de M. l'Archevêque & du Curé.*

*M. Peixotto assura Monseigneur qu'il étoit* Cohen, Prêtre, Roi; *qu'il devoit être placé sur l'autel; qu'il y seroit d'autant mieux, qu'il appartenoit aux deux cultes: mais la Congrégation, rassemblée par Monseigneur en son château de Beau-Séjour, éconduisit M. Peixotto sans aucun ménagement.*

*Il écrivit dans tout l'univers, pour consulter Rabins, Théologiens & Jurisconsultes. Les premiers n'ont pas voulu ouir le nom de* l'infidelle. Les seconds n'ont écouté que leurs anciennes rêveries. Les derniers, accoutumés à décider en faveur de celui qui les paye, n'ont pas trouvé de solides raisons.

Personne n'a voulu être assez hardi, pour avancer que M. Peixotto fût au rang des choses saintes. Un seul ( M. MARIE DE SAINT-GEORGES, Avocat au Parlement de Bordeaux, membre de plusieurs Académies, ) a entrepris de prouver l'origine, la nature & la filiation du mot Cohen. Il a traité sa dissertation en académicien qui veut persuader, & en homme d'esprit qui ne sait pas se donner le ridicule de paroître croire sérieusement une sottise.

M. Peixotto a confié ce Mémoire au Curé de Talence, & voilà pourquoi on peut aujourd'hui le publier : il paroît même, d'après la copie que nous avons en main, que l'ouvrage a été changé en partie ; ce qui pourroit avoir altéré la simplicité du premier manuscrit.

# DISSERTATION
## HISTORIQUE
### SUR
## LE COHÉNAT DES JUIFS.

L'HISTOIRE & la tradition sainte assurent à M. *de Peixotto* une suite glorieuse des plus illustres ancêtres : sa généalogie, liée aux fastes de l'univers, réunit ce que les hommes reconnoissent de plus auguste & de plus intéressant ( 1 ).

---

( 1 ) *Verùm hæc tantùm inter alias caput extulit urbes,*
  *Quantùm lenta solent inter viburna cupressi.*

Des patriarches, des rois, des souverains pontifes, des généraux invincibles, de grands personnages favorisés par l'être suprême, des justes en vénération dans le monde entier ; voilà quelle est l'origine de M. de Peixotto.

Le sang qui coule dans ses veines, est celui du père des croyans, celui du premier pontife des Juifs, de *Josaphat*, de *Phinés*, de *Joiada*, de *Jaddus*, d'*Onias*; le sang des vengeurs de la loi de l'Eternel, des libérateurs de la patrie, des vainqueurs redoutés de la Syrie; le sang des *Machabées*, des *Hircan*, des *Aristobule*, des *Jeannées* & des *princes des Lévites*.

Cette généalogie est décrite dans les livres authentiques d'un peuple, *témoin-préposé* par Dieu même en faveur de son culte : elle est fondée sur les loix, les mœurs, les usages & l'existence étonnante de ce peuple ; &, si une généalogie d'un nouvel ordre peut entraîner la curiosité de quelques lecteurs, ils seront bientôt convaincus qu'il n'est rien de plus digne de leur attention ; ils avoueront qu'il y a des choses qui ne deviennent difficiles, que parce que nous ne nous animons pas du courage nécessaire pour les entreprendre : *non quia difficilia,*

*non*

*non audemus; sed quia non audemus, difficilia sunt.*

Le descendant de *Mahomet* reconnu par Louis XV, & le rejetton de vingt empereurs admis par Louis XVI en sa cour, n'avoient pas de titres aussi respectables que ceux de M. de Peixotto. Ces titres n'eurent jamais une antiquité aussi reculée, ni une origine aussi pure (1).

Le législateur du *Coran* avoit pris naissance dans le sein d'une esclave; les *Comnenes* n'avoient pu faire oublier leurs usurpations, que par une suite nombreuse de héros.

Plus de deux mille ans avant Mahomet & le premier des Comnenes, Dieu avoit nommé *Aaron* grand sacrificateur de son peuple : Aaron plus savant que Moïse, qui lui rend ce témoignage (2), avoit mérité l'honneur de voir sa race *seule, destinée au sacerdoce.*

---

(1) M. Boulon de Mouranges a été comblé de graces & de distinctions, par Louis XV, à cause de sa descendance de Mahomet : il est mort en 1788.

Le comte *Démétrius-Comnène* a obtenu, en 1782, des lettres-patentes qui reconnoissent sa descendance de l'empereur David-Comnène, massacré par ordre de Mahomet II, en 1452.

(2) Exode, chap. 4, vers. 10, 14. 15.

*Dieu*, a dit un de nos poëtes,

*Aux seuls enfans d'Aaron commit ses sacrifices;*
*Aux Lévites marqua leurs places, leurs offices.*

*Aaron*, frère de *Moïse*, ( tous deux fils d'*Amram* & de *Jorabed*, de la tribu de Lévi) naquit en Egypte, l'an 2430, suivant la chronologie hébraïque; l'an de la période julienne, 3140; 83 ans après la sortie des Israëlites de l'Egypte, & 1574 ans avant l'ère vulgaire.

L'Ecriture Sainte fait remonter la généalogie des deux frères, sans interruption, jusqu'aux patriarches; & ces deux illustres personnages, vraiment *nobles* par leur origine, & par les faveurs dont Dieu les combla, comptoient parmi leurs ancêtres, *Héber* & *Phaleg*.

*Héber*, qui donna son nom aux hébreux, & qui conserva le culte divin, dans son intégrité, au milieu de la corruption générale, étoit né 67 ans après le déluge; &, pendant une vie paisible de près de cinq siècles, il avoit recueilli, de la bouche de Noë & de celle de ses descendans, la tradition de l'histoire depuis la création.

*Phaleg* avoit reçu ce nom, pour perpétuer le souvenir de l'entreprise *de la tour de Babel*, & de la prééminence accordée à la langue de son père, sur toutes celles dont la confusion entraîna alors la dispersion des hommes.

Si quelqu'un de nos lecteurs étoit surpris d'entendre M. de Peixotto, enrôlé aujourd'hui sous les humbles drapeaux de la croix, réclamer les avantages d'une naissance juive, nous nous haterions de lui rappeller la pensée d'un grand écrivain : *Semblable au soleil qui darde ses rayons sur-tout l'hémisphère, sans se souiller, la religion chrétienne ne défend pas de se servir des biens précieux qui nous ont été transmis.*

Disons-mieux, l'ambition qui porte, en ce moment, M. de Peixotto à prouver sa noble descendance d'*Aaron* & d'une foule de pontifes-rois, est purifiée par l'hommage qu'il en a fait au pied des autels, en invoquant la protectrice des chrétiens, en présence des ministres de leur religion, & dans les mains de l'illustre évêque de *Siguenza*, la gloire & l'édification de l'Espagne (1).

---

(1) Dom Jean Dias *de la Guerra*, évêque de Siguenza, *a baptisé*, le 18 Avril 1781, M. de Peixotto, *descendant d'Aaron, & Cohen parmi les*

Ce n'est point sur un sacerdoce anéanti par la croix, ce n'est point sur un sceptre brisé, que M. de Peixotto appuie ses prétentions ; c'est sur le récit des premiers événemens de l'histoire du monde : & telle est la destinée glorieuse de M. de Peixotto, qu'elle est intimement liée avec la naissance de la religion judaïque & de la religion chrétienne ; qu'elle est étayée sur les rapports entre les deux cultes, *rapports tracés* par le doigt de Dieu, & qui lui montrent, avec ses ancêtres, les titres de sa noblesse.

Et pourroit-il être permis à M. de Peixotto, après avoir eu le bonheur d'être appellé à la religion véritable, par la médiation de l'auguste mère du Dieu des chrétiens, d'être indifférent sur cet avantage, aussi rare qu'il est inappréciable (1) ? M. de Peixotto a reçu le même sang que *la Vierge sacrée*, descendue de *David* par son père, & de la race principale des sacrificateurs, par sa mère : il l'avouera,

―――――――――――――――

*Juifs* ; les fonctions de parrein étant remplies par le doyen de l'église cathédrale de Siguenza, *au nom de Sa Majesté Catholique.*

(1) *Cette pensée est trop forte ; & qui prouve trop, ne prouve rien :* [ note de l'éditeur. ]

dans les juftes tranfports de fa fenfibilité : (1) tandis que les ames mondaines s'énorgueilliroient de fortir d'une foule de rois & de princeffes, il n'eft touché que de la gloire de fon alliance, avec celle qui voit à fes pieds les trônes : il ne fe fouvient que du jour, où un augufte monarque voulut bien fe rendre le garant d'une alliance fpirituelle.

*La deftinée* du peuple de Dieu fut toujours de réfifter à la main paternelle qui le gouvernoit, pour le rendre heureux. (2)

---

(1) Le père de *Bérénice*, reine de Paleftine, defcendue par fa mère de la fameufe *Cléopatre*, reine d'Egypte, & des fucceffeurs d'*Alexandre*, étoit de la famille d'*Aaron* : *Ariftobule*, père de *Bérénice*, étoit roi & grand facrificateur. C'eft d'elle que *Racine* fait dire à *Titus* :

» Rome, contre les rois, de tous temps, foulevée,
» Dédaigne une beauté dans la pourpre élevée ;
» L'éclat d'un diadème & cent rois pour ayeux
» Déshonorent ma flamme, & bleffent tous les yeux ».

(2) Les bibliothèques étant remplies de corps d'hiftoire & de recherches fur l'état du Peuple Juif,

Le temps des juges établis en *Israël*, avoit fait place à celui des *rois*; & la troisième génération de ces nouveaux maîtres, *demandés avec instance par le peuple*, avoit commencé de paroître, lorsque les douze tribus, issues du même père, attachées au même culte, appellées par le même Dieu dans *la Terre Promise*, élevèrent entre elles *un mur de séparation, dont les traces n'ont jamais été entièrement effacées.*

La tribu de *Juda*, dont le chef avoit obtenu la préférence au droit d'aînesse, par le choix de *Jacob*; la tribu de *Ben-*

---

dispersé de toutes parts, & continuellement agité, comme un vaisseau privé de son pilote, par les coups d'une horrible tempête, il seroit inutile de ramener dans ce mémoire, une suite d'évènemens connus, dont l'esquisse sera plus agréable à nos lecteurs. On peut consulter les tomes 21 & 22 de l'Histoire-Universelle, par une société de gens de lettres: les savantes Recherches de Basnage, & les Dissertations-Critiques publiées par M. de Boissy, en 1785: l'Histoire des Juifs, d'Eden, imprimée à la suite des anciennes éditions de *Zimmermann*: le Docteur Prideaux: l'Histoire-Romaine: l'Histoire-Ancienne: les Notes de Genebrard, & les Recherches-Curieuses de Ed-Brerewood, professeur à Londres, traduites par S. Lamontagne. Paris, Varennes, 1640.

*jamin*, sortie de celui que ce patriarche avoit le plus chéri d'entre ses enfans ; & la tribu de *Lévi*, dont le partage exclusif étoit le service de l'arche du Seigneur, formèrent le royaume de *Juda* ; la cité de Jérusalem en fut la capitale, & le lieu destiné aux exercices publics de la religion.

Les dix autres tribus, entraînées par la rébellion d'un sujet, établirent le royaume d'*Israël* ; & dès-lors *Samarie* devint l'orgueilleuse rivale de *Jérusalem*.

L'idolâtrie plongea bientôt les enfans d'*Israël* dans une affreuse captivité ; & ce qui ne sera pas indifférent aux regards d'un philosophe, l'instant où les cœurs de ce peuple rebelle étoient plongés dans l'aveuglement, fut celui où les étrangers reçurent des Juifs les principes de la vraie religion : les livres de Moïse leur apprirent la connoissance de l'attente du Messie ; & semblables à ces grains qui reposent dans la terre, sans mouvement, jusqu'à ce que la chaleur naturelle vivifie leurs germes, ces principes demeurèrent gravés dans la mémoire des Gentils, en attendant que le Messie vînt leur apporter une lumière vivifiante.

Cependant on vit les malheureux

Samaritains, au sein même de la captivité, profiter des circonstances, pour repeupler leurs bourgades, fortifier leurs villes, & se rendre fameux sous le nom de *Galiléens*.

C'est alors que commença ce prodige étonnant, d'un peuple entier, subsistant au milieu de toutes les corporations, uni avec elles, quand il s'agit de l'intérêt commun, séparé scrupuleusement en tout ce qui touche la religion ; & la *Décapole*, théâtre des premiers effets de ce prodige, en prit le nom de *Galilée des nations*.

Durant plusieurs années, le royaume de *Juda*, fidelle à la voix de Dieu, n'avoit point mérité le châtiment de l'exil : enfin l'idolâtrie profana *Jérusalem*. La cruelle catastrophe d'*Athalie* n'arrêta point les rois ses successeurs : le terme des soixante-dix années de la captivité de *Babylone*, s'accomplit ; & les enfans de Juda reparurent dans leur patrie, non comme ceux d'*Israël*, *sans avoir une existence authentique, mais sous la protection des rois de Perse*. Ils se gouvernèrent par leurs anciennes loix ; ils goûtèrent les douceurs de la liberté : l'hommage qu'ils portoient aux rois d'*Asie*, n'étoit qu'une foible reconnoissance de la protection qu'ils en avoient reçue,

reçue, & ces républicains habitans de la *Judée*, furent connus dans l'univers, sous le nom de Juifs.

La culture des terres leur rappelloit l'image des patriarches, vivans en rois, entourés de leurs familles & de leurs troupeaux ; ils observoient les loix prescrites par Moïse, pour la distinction des tribus, les mariages, les successions, les généalogies, la noblesse des aînés, les prérogatives des anciens ; ils évitoient scrupuleusement de se confondre avec les étrangers (1).

Plutarque, Aristote, Pausanias, saint Ambroise, Diodore de Sicile, (2) ont reproché cette indifférence à d'autres peuples : *les Lacédémoniens, les Chinois, les Sarmates, les Juifs, les Thraces, disent-ils, ne communiquoient point avec*

---

(1) C'est ce que Juvenal a rendu par ces deux vers, sat. 14 :

*Non monstrare vias eadem nisi sacra colenti,*
*Quæsitum ad frontem, solos deducere verpos.*

(2) Aristote, liv. 7 des Politiques, chap. 6 : Plutarque, des Lacédémoniens : Pausanias, en ses Attiques : Ammien-Marcellin, liv. 3 : Quint-Curce, liv. 7 : Strabon, liv. 7 : Diodore, liv. 34 & 40 : Saint Ambroise, en ses Offices, liv. 1.

C

*leurs voisins* : la raison politique en est facile à saisir. Dans cette enfance du monde, on ne soupçonnoit pas encore les ressources immenses du commerce : on ignoroit qu'il rapproche les nations, parce que, comme l'a dit Séneque, *une même terre ne peut suffire à ses habitans.* (*Ep.* 7.)

L'esprit de retour n'avoit pas empêché les enfans de Juda de se multiplier dans l'univers (1) : ils avoient devant les yeux l'exemple des Phéniciens ; & bientôt, en marchant sur leurs traces, *le commerce fut la profession dominante du peuple Juif.*

Cependant Jacob avoit prédit, que l'autorité ne seroit point ôtée à la tribu de Juda, jusques à la venue du Messie ; & *ce nom de Juda signifioit toute la nation Juive.*

Lorsque la Judée, réduite en province Romaine, fut assujettie à la puissance des Césars, les Juifs conservèrent, sous cette nouvelle administration, leur religion, leurs cérémonies, & leurs usages : l'habitude, où les peuples étoient déjà,

---

(1) *Il y avoit des Hébreux dans tous les pays qui sont sous le ciel*, dit l'Evangile, *au temps de la naissance du Messie.*

de laisser les Hébreux habiter au milieu d'eux, s'étendit également *aux Juifs & aux Galiléens :* Religion, loix, mœurs, coutumes, tout eut pour eux un caractère distinctif, & cet état ne leur étoit pas nouveau. Babylone *les avoit vu pendant la captivité, acquérir des fonds, bâtir des maisons, nommer des juges, & se gouverner, comme les membres d'une république, dont le siége étoit à Jérusalem.*

Le temple fut détruit, les enfans de Jacob ne possédèrent plus, ni Jérusalem, ni la terre promise : les mouvemens qu'ils réitérèrent pour y rentrer, furent aussi inutiles que malheureux ; mais si Dieu avoit permis qu'il ne restât *pierre sur pierre* dans son temple, il n'en protégeoit pas moins son peuple ; *ses promesses étoient présentes à sa mémoire : sa bienveillance assuroit la tranquillité des Juifs exilés.* Les pères de l'Eglise ordonnoient, en son nom, aux chrétiens, de ne regarder les Juifs, *que comme des frères incrédules, toujours chers à leur père, dont l'aveuglement devoit cesser.*

C'est encore Dieu qui incline la volonté des rois à les protéger dans leurs états. *En Europe, en Asie, en Afrique,* chez les *Mahométans, les Quakers, les Chrétiens,* à *Londres*, à *Paris*, à *Rome*, la nation Juive a des synagogues : en ce moment même, *Joseph II* les appelle au service de la patrie, dans les professions de tous genres que le préjugé leur avoit jusqu'à présent interdites.

Cette destinée du peuple Juif paroît encore plus surprenante, lorsqu'on promène ses regards sur la multitude de nations que le globe a vu passer, sans laisser à peine un souvenir de leur existence. *Les Juifs seuls*, loin de succomber à tant d'irruptions, ont vu leur triomphe s'augmenter chaque jour ; *jamais ils ne se font confondus avec les peuples, au milieu desquels ils habitent : d'âge en âge ils remontent à leurs premiers pères.*

Ce prodige auroit-il pu s'opérer, si les loix Judaïques n'eussent toujours été les mêmes, si elles n'eussent pas évité le mélange des coutumes religieuses avec celles des nations ?

*Moïse*, sans doute pour préparer aux Juifs un point d'appui, qui les ramenât sans cesse au centre, leur avoit fait un précepte de l'étude de la loi : les enfans en suçoient les principes avec le lait : (1)

_____

(1) *Et déjà de ma main je commence à l'écrire.* RAC.

*Justinien* en permit la méditation dans les synagogues : *Théodose* établit les patriarches, appellés *Mustrissimes* (1) :

Enfin les fêtes des Juifs, leurs cérémonies, leurs cimétières, furent mis au nombre des choses sacrées, protégées par les loix.

En France, Louis-le-Débonnaire & Charles-le-Chauve souscrivirent, avec les Juifs, des traités d'alliance; les rois de la troisième race leur accordèrent le droit d'avoir un conservateur de leurs privilèges. Le comte d'Estampes, de la maison d'Evreux, (un des premiers Seigneurs de la cour de France) fut revêtu de ce titre en 1364 (2). Et si l'on excepte quelques temps d'orage, ou quelques contrées trop esclaves d'un antique préjugé, les Juifs ont joui constamment, en France, des prérogatives attachées au titre de citoyens.

*En Espagne*, quoique les mœurs du pays leur aient suscité des persécutions, dans presque tous les siècles, ils n'y sont pas moins demeurés en grand nombre.

―――――――――――――――――――

(1) *Pancirole & Maran*, de notitiâ Dignitatum.

(2) Ordonnance des rois de France [édition du Louvre.]

Ces Juifs d'Espagne croient descendre des familles de *Juda*, qui s'y transportèrent au temps de la captivité de Babylone. Buytorf ( *dans sa synagoga Judaïca, édition de 1606*), & les Rabins ses sectateurs, soutiennent *qu'après la destruction de Jérusalem, Vespasien livra trois navires chargés de Juifs à la merci des flots, & qu'un de ces navires aborda sur les côtes d'Espagne.*

Les Juifs acquirent jadis en Espagne, un grand pouvoir, par leurs alliances avec la plus haute noblesse. Des synagogues distinguées, des docteurs fameux, des académies rivales de celles d'orient (1), des écrivains dont l'histoire a conservé les noms, leur avoient assuré un rang considérable : *Samuël* Lévi, devenu vers l'an 1027, secrétaire d'Etat, & ministre du roi de Grenade, fut établi prince de la nation Juive (2).

---

(1) Celle d'orient, si renommée, d'*Eliazar*, dont la réputation est encore si fortement établie parmi les Juifs, qu'on lit, dans le premier tome de la Bibliothèque Rabbinique, ces mots passés en proverbe : *que, si les cèdres du Liban étoient autant de plumes ; si l'Océan étoit encre ; si le Ciel étoit de parchemin, il n'y en auroit pas encore assez pour renfermer tous les éloges qu'il mérite.*

(2) Hist. Univ. tom. 21, liv. 19, ch. 3, p. 181.

Cette félicité fut troublée dans les siècles suivans ; environ l'an 1492, huit cens mille familles, *fuyant l'ingrate patrie qui les rejettoit de son sein*, inondèrent l'Europe; d'autres Juifs, qui s'étoient réfugiés *en Portugal*, s'adressèrent, soixante ans après, au roi de France, *Henri II :* ce monarque les accueillit *sous le titre de Portugais, nouveaux chrétiens* ; & cette dénomination politique préparoit les esprits à voir, sans préjugés comme sans murmure, après un siècle, les Juifs s'élever, en *France*, à l'exercice de leur religion, dans leurs synagogues.

Le roi d'Espagne, (1) vers l'an 1610, chassa de ses états *les Juifs qui y restoient encore sous le nom de Maurisques*, pour témoigner sa reconnoissance au pape Jules II, qui l'avoit nommé roi catholique.

*Henri-le-Grand*, roi de France, commit le juge de Bayonne, pour recevoir la déclaration des fugitifs qui se convertiroient : le prévôt-général du *Languedoc*, eut ordre d'embarquer les autres *au port d'Agde* : l'air tempéré & la situation riante de nos provinces méridionales,

---

(1) Mercure Français, de 1614, vol. 2.

excitoient en ceux-ci le désir de s'y fixer : le maître des requêtes, *Aymar*, fut envoyé par *Louis XIII*, fur les lieux. *Loppés* défendit ses compatriotes, au parlement de Toulouse, à celui de Paris, au conseil d'Etat ; & les malheureux persécutés obtinrent enfin la justice qui leur étoit due, malgré les oppositions des habitans.

Peu de temps après (1), en 1615, *à Francfort fur le Mein, le lendemain de la faint Barthelemi*, il y eut un massacre, que les Juifs appellent *la petite Jérufalem*, & dont la synagogue de *Francfort* célèbre le deuil chaque année ; tant les Juifs ont été fidèles à se conformer à la loi de *Moïfe*, pour perpétuer la mémoire des événemens.

Cependant cet attachement des Juifs à la lettre de la loi, n'a pu les préserver de l'erreur sur les signes de la venue du Meſſie ; & leur exactitude n'a servi qu'à maintenir leur conservation politique.

La séparation entre les tribus avoit été encore mieux marquée, par la division

---

(1) On célébra ce malheur par deux vers :

*In menfe Augufto, Bartholomæoque præfecto,*
*Francoforti heu! miferos fervi prædentis hæbreos.*

des

des royaumes de *Juda* & d'*Israël*. *Juda*, *Lévi*, *Benjamin*, ne pouvoient se confondre : de *Juda* devoit sortir le Messie, & les descendans de ce patriarche, étoient attentifs à conserver leur filiation ; *Benjamin* restoit seul, puisque la tribu de *Lévi* avoit sa distinction dans le service du temple ; on se marioit dans sa tribu, *& les filles pouvoient seules prendre un époux, dans quelque tribu que ce fût :* encore une *héritière étoit-elle obligée de le choisir parmi les parens de son père* (1).

On n'oublioit ni la généalogie *naturelle*, ni *la légale*, qui avoit lieu, lorsqu'un frère étoit obligé de donner des enfans à la veuve de son frère, auquel ils appartenoient.

Depuis le retour de la captivité, les Juifs ne furent pas moins curieux de leurs généalogies ; la tribu de *Juda* s'étoit rétablie dans ses anciennes possessions, en suivant les limites qui furent fixées lors du partage de la *terre promise*. Il n'étoit point de famille qui ne prouvât sa descendance, par les régistres publics ; & l'attention sur ce point étoit si forte, que, du temps d'*Adrien* & plusieurs siècles après

---

(1) Voyez le Dictionnaire de la Bible.

D

ce prince, on connoissoit encore les parens de Jésus-Christ.

Les révolutions de dix-huit cens ans n'ont pu altérer cette ancienne coutume : les Juifs sont demeurés attachés, sur la souche de leurs différentes peuplades, à des traditions que leur antiquité rend respectables : ils ne se marient que dans leur tribu ; & chaque jour on voit, à Bordeaux, des exemples de cette séparation.

Les Juifs ont aussi distingué les familles nobles, c'est-à-dire, celles dont les chefs s'étoient rendus recommandables, celles des aînés, *celles des anciens qui avoient long-temps jugé le peuple aux portes des villes, ou qu'un long exercice de la judicature, sous l'ombrage des ormes, avoit rendu dignes de monter au sanhédrin.* Les livres saints employent, à chaque page, le terme *noble*. L'histoire des *Machabées* l'applique à cette race de héros : l'historien *Josephe* se la donne, parce qu'il étoit de *race sacerdotale*, & il s'en sert toutes les fois qu'il parle de personnages en autorité.

*Dans le temps* (1) *des patriarches,* où dit l'Abbé de Fleury) *chacun s'appelloit par*

_____

(1) Mœurs des Israélites.

*un nom qui lui étoit propre, ces noms signifioient de grandes choses : les patriarches étoient véritablement nobles, si jamais il y a eu des hommes nobles sur la terre..... Nous estimerions très-noble une famille, qui pourroit montrer une aussi longue suite de générations : il y a peu de maisons qui pussent en montrer autant. Ce qui nous trompe, c'est que nous ne voyons pas chez les Israélites de titres semblables à ceux de notre noblesse.*

Et pourquoi ces Juifs, qui tinrent si long-temps le gouvernail des sciences assaillies par l'ignorance & les préjugés, n'auroient-ils pas chéri la prérogative de la noblesse, dans des siècles où l'estime des hommes plaçoit les amateurs des lettres au même rang que les braves guerriers ?

*Samuël Lévi*, ministre du roi de Grenade, au onzième siècle, n'étoit-il pas d'une haute noblesse ? le célèbre *Cosme de Médicis*, ne menaça-t-il pas de punir les outrages que les préjugés causoient aux Juifs, plus sévérement que ceux qui seroient faits à la majesté souveraine ? *Christian IV*, roi du nord, ne les honorat-il pas d'une protection spéciale ? les monarques Français ne leur ont-ils pas témoigné la plus grande bienveillance ?

Remontons à des époques éloignées : *Alexandre* avoit envoyé à *Jonathan*, de la race des *Machabées*, l'anneau d'or & la robe de pourpre ; le peuple Juif fut l'ami des Romains ; *Pompée* conclut, dans *Damas*, un traité de paix entre les deux frères *Hircan* & *Aristobule*. *César* reconnut l'illustration sacerdotale de la famille d'*Aaron*, en accordant les plus grands honneurs à ses chefs : les consuls conduisirent au capitole *Hérode-le-Grand*, héritier des *Ammonéens*, *déclaré roi de Judée*, *d'une voix unanime* ; il marchoit entre *Octavien & Antoine*. Le décret du sénat fut déposé dans les archives, & l'investiture lui fut donnée *avec des cérémonies inconnues jusqu'alors*.

Mais ne perdons jamais de vue l'autorité de la tradition, souvent plus imposante que celle de l'histoire : quant au culte divin, *la tradition est comme la règle, la croyance, l'autorité, l'explication de la loi, qui se communique de vive voix* (1),

---

(1) Les Juifs appellent *Loi-orale*, celle qui est sortie de la bouche de leurs docteurs, & qui, recueillie depuis par d'autres rabbins, a formé les compilations du *Talmud* & de la *Misna*.

pour devenir, (lorsqu'elle est recueillie par écrit) *la boussole de direction* nécessaire aux voyageurs.

Quant aux divers points d'histoire, & d'ordre politique, c'est souvent par la tradition seule qu'ils existent : la pratique leur donne une nouvelle force, & l'antiquité de la possession achève de leur transmettre un caractère aussi actif qu'il est ineffaçable (1).

La tradition devient encore plus admirable (2), quand on considère quel étoit ce peuple Juif. Choisi par la sagesse divine, pour être le signe vivant du bonheur

---

(1) *Traditio est : nil quæras ampliùs.*
Saint Chrisostôme, tom. 4, in 2 Epist. ad Th.
Le passage de saint Paul est ainsi commenté par Tertulien :
» Hæc, si nulla scriptura determinavit, certè
» consuetudo corroboravit, quæ sine dubio de
» traditione manavit : quomodò enim usurpari quid
» potest, si priùs traditum non est ? »
Saint Jerôme *adversùs Lucifer* :
» Multa, quæ, per traditionem, in ecclesiis ob-
» servantur, auctoritatem sibi scriptæ legis usur-
» paverunt ».

(2) *Siquidem traditio prætenditur auctrix ; consuetudo confirmatrix ; fides observatrix.*
Tertulien, *de coronâ militari*, chap. 3.

promis aux hommes, le flambeau dont les nations doivent suivre la lumière, *ce peuple n'a point changé*, quoique l'exercice de ses privilèges lui soit ôté ; *le corps résiste à la dispersion de ses membres ;* son exil n'empêche pas de reconnoître l'empreinte du ministère sacré qui lui a été confié : *Ainsi* les débris renversés des colonnes d'un édifice antique, perpétuent le souvenir du temple dont elles faisoient le principal ornement : les caractères de majesté s'impriment fortement dans nos ames, & leur effet s'accroît par l'habitude où nous sommes d'une profonde vénération pour ce qui tient à l'ordre sacerdotal.

Peut-être cette réflexion redoublera-t-elle l'attention de nos lecteurs sur l'histoire d'une tribu, dont les membres ont si long-temps été revêtus de deux autorités.

Le troisième fils de Jacob avoit été consacré, par Dieu même, à son culte : *Aaron* avoit été ordonné grand-prêtre, par l'ordre du Seigneur : ses descendans avoient été mis en possession de certaines prérogatives (1) au-dessus des autres enfans de *Lévi*.

*Moïse* avoit prescrit, dans le *Lévitique*, ce qui devoit régler le sort de cette tribu : on l'avoit exclue du partage *de la terre promise*; mais il lui restoit un petit nombre de villes, où les lévites alloient se reposer au milieu de leurs familles, & le temps, l'ordre, les cérémonies de *chacun de ces lévites leur étoient en quelque sorte héréditaires*.

*Le roi-prophête*, sur la fin de ses jours, fit lui-même une nouvelle distribution, que la construction prochaine du temple, & l'accroissement prodigieux de la nation Juive, rendoient nécessaire.

Vingt-quatre familles, dont seize étoient descendues d'*Eléazar*, troisième fils d'*Aaron*, & huit d'*Ithamar*, son quatrième fils, furent seules réservées à la *grande sacrificature*, & nommées les *races sacerdotales*; tandis que les autres, destinées aux places de musiciens, de gardiens du temple, de serviteurs des prêtres, augmentoient, par leur nombre, la pompe des cérémonies.

---

(1) Paralipomenes, liv. 23, 24, 25.

Ces familles subsistèrent jusques à la captivité de *Babylone* : la première & la plus considérable, fut celle de *Joiarib*, dont les *Machabées* portèrent si loin la gloire.

Les livres d'Esdras parlent du recensement, qu'au retour de Babylone, on ordonna de tous ceux qui réclamèrent une *généalogie sacerdotale* : la confusion des régistres publics étoit grande ; mais le terme de soixante-dix années n'avoit pas été assez long, pour en effacer le souvenir ; le respect qu'inspiroit la tradition, fit conserver l'ordre des vingt-quatre familles ; les six qui restoient se subdivisèrent, & ces rameaux adoptèrent le nom de la famille qu'ils faisoient revivre (1).

M. *Bossuet* a rendu un hommage authentique à ces usages des Juifs, en ces termes: « de *Lévi* devoient naître les ministres des choses sacrées ; d'*Aaron* devoient sortir les prêtres & les pontifes : ainsi la distinction des familles étoit nécessaire à conserver. » Mais les réflexions que ce célèbre écrivain fait ensuite sur le déplorable aveuglement des

---

(1) M. Prideaux, Hist. des Juifs.

Juifs, ne doivent s'entendre que dans l'ordre de la religion : en effet, l'histoire nous a déjà convaincu, qu'il n'a jamais été possible d'admettre, dans l'ordre politique, *que les Juifs ayent abandonné leurs loix sur les successions, les généalogies, les distinctions des familles.*

Leur découragement ne s'étendit qu'au temple, qui leur étoit désormais interdit; l'exil, la dispersion, les persécutions respectèrent même quelques races; & ceux que les empereurs avoient relégués en *Lombardie*, y conservèrent la mémoire de leur origine; les livres des nobles de *Venise*, de *Gênes*, de *Pise*, de *Florence*, contiennent les noms de ces familles honorées.

*Les princes de la captivité* étoient de la tribu de *Lévi*, dont ils portoient le nom : ils prouvoient *leur descendance des familles sacerdotales.* Ce fut sous les auspices d'une filiation aussi sacrée, que le vainqueur de *Bizance* leur promit sa protection, dans une audience publique.

Les princes des lévites s'appelloient *cohen* ; & ce mot hébreu signifie, *dans l'orient où ils habitoient, un prêtre, un sacrificateur des Juifs,* c'est-à-dire, un

E.

*Juif qui prétend descendre d'une famille sacerdotale* (1).

L'expression *cohen*, ne peut souffrir aucune ambiguité ; car son usage général fait connoître l'étendue de sa signification.

*En hébreu*, *cohen* désigne les rois, les princes, & ceux qui sont en même-temps chargés des fonctions sacerdotales : l'application aux princes ne s'est même introduite, qu'à la faveur de la réunion des deux puissances sur la même tête.

*En chaldéen*, le verbe *kehal* signifie, avoir la puissance & l'autorité.

*En égyptien*, *cohémin* exprime ceux qui acquittent le service des autels.

*En syriaque*, *cohen* signifie tous les attributs relatifs à l'autorité religieuse.

*En perse*, où les Juifs sont distingués, en Juifs ordinaires & Juifs issus de *Juda*, *kan* veut dire fils de roi : *pacha* en dérive ; & *kanaux* désigne les femmes (2).

*En chinois*, *cohen* ou *kan* est le titre de l'empereur, qui autrefois exerçoit le sacerdoce : *chim*, *hoam*, *mino* signifie, temple de l'esprit qui guide les mœurs.

---

(1) Voyage de Chardin en Perse.

(2) Ouvrage de Chardin déjà cité.

*Chim hoam* est la plus fameuse idole de la Chine (1).

*En latin*, le raport de *cohen* est visible avec les mots *cæna*, *cænator*.

*En celtique*, ou vieux gaulois, on trouve *cuens*, titre que prenoit *Robert de Clermont*, fils de saint Louis.

*En anglais, quien* ou *keng* veut dire grand, illustre, roi; & *Couhin* est le nom d'un village, à deux lieues de Bordeaux, qui étoit jadis le lieu de plaisance des princes de Galles.

*En allemand, koënig* annonce les personnages constitués en dignité dans l'église.

Chez les Juifs encore à présent, la cérémonie de la bénédiction du peuple, inscrite dans leurs prières & réservée aux seuls sacerdotes, est appellée *birchas choanim, benedictio sacerdotum* (2).

Le mot *cohen* est donc généralement

---

(1) Examen des faussetés sur les cultes, par Jouvenci & Merinville, 1714.

(2) *Buitorf* s'exprime en ces termes : « Hanc » benedicendi consuetudinem observant Judæi, in » suis synagogis, aliam num hodiè & aut precibus » quibusdam, circa finem inserant. Vocant eam » *Birchas Kohanim*, benedictionem sacerdotum, quia » à sacerdotibus solis fieri solet & debet ».

consacré à signifier les personnes revêtues de l'autorité, & sur-tout de celle du sacerdoce; chez les Hébreux, les *cohens* sont encore en possession de plusieurs prérogatives *instituées par Moïse, en faveur des familles sacerdotales*. Les principales consistent dans la prééminence des synagogues, le rachat des premiers nés, le privilège de donner la bénédiction au peuple, & celui de commencer la lecture de la loi (1).

M. d'Herbelot remarque *qu'il y a des Juifs qui portent le titre de cohen, & qui, regardés constamment comme de race sacerdotale, reçoivent les honneurs octroyés au grand-prêtre;* la preuve de leurs prérogatives *étant gravée dans les cœurs des Juifs*

―――――――――――――――――――――

(1) Nicolas Flamel, le prince des Alchimistes, raconte que, *lorsqu'il eut trouvé le livre merveilleux*, dont il ne comprenoit pas les figures, il fit vœu à Dieu & à M. Saint Jacques de Galice, d'aller en Espagne, demander son interprétation à quelque *Sacerdot Juif* : Flamel fixe l'époque de son voyage à l'année 1380.

*En ce temps-là les Juifs*, dit Gilles en ses annales, *conversoient communément avec les Chrétiens, les Chrétiens avec les Juifs;* & cette habitude d'être ensemble donne une nouvelle force à la reconnoissance générale & universelle *du sacerdoce* perpétué parmi les Juifs.

*plus profondément que les dix commandemens ne le furent sur les tables de pierre.* Les hommes doivent déterminer leur jugement à cet égard sur le régime invariable des *Hébreux, & non sur notre manière de faire des titres, qui nous trompe.*

S'il s'élevoit un mortel, qui pût dire : » Je suis en possession immémoriale, par » moi & mes ancêtres, du titre & des » honneurs de *cohen*. J'ai été reconnu à » Londres, à Amsterdam, à Bordeaux, » au milieu des synagogues : J'ai en ma » faveur le témoignage des familles d'un » peuple dispersé, & le suffrage des rabbins : » Je suis donc *cohen*, comme mon nom » l'indique : » on ne pourroit se refuser au désir d'approfondir une origine aussi majestueuse : cet homme est monsieur de Peixotto.

Sa famille étoit considérée en *Espagne* & en *Portugal*, où les ayeux de *Jean de Peixotto* portoient le titre de *cohen*. Jean de Peixotto, à peine âgé de dix ans, vint en France, en 1638, (époque fameuse par la naissance de *Louis XIV*: il a vécu dans Bordeaux aussi long-temps qu'un patriarche, également considéré de sa nation & des citoyens, pour ses rares vertus.

Les Juifs *Portugais* n'avoient point encore de synagogues; la liberté ne leur en fut accordée qu'au commencement de ce siècle, dans le moment où peut-être ils devoient moins espérer de l'obtenir.

» Le zélé *Jean cohen Peixotto* fonda,
» le 16 du mois de nissan, année du
» monde 5465, ( selon la supputation
» hébraïque ) une synagogue dans sa pro-
» pre maison, & fit présent d'un pen-
» tateuque, avec ses ornemens. On lui
» donna la première place par sa qualité
» de *cohen*, & la prééminence sur tous les
» autres Israélites.» Ces termes sont extraits d'une expédition en forme des registres des Juifs.

Le fondateur vécut plus de trente ans, en possession des honneurs de *cohen*; son fils fut assez heureux pour rendre à sa patrie un service, dont M. de Peixotto a eu l'orgueil de renouveller l'héroïsme.

M. de *Silhouette* s'étoit vu contraint, en 1759, de suspendre les payemens du trésor royal : l'ordre étoit donné de porter, de toutes parts, le numéraire à *Paris*: la rareté des espèces exposoit *Bordeaux* aux plus cruels désastres. M. de Peixotto sacrifie ses propres intérêts, en ouvrant ses caisses; le commerce reprend son activité, & Bordeaux ne partage point la calamité générale.

M. l'abbé Terray n'apperçut, en 1772, d'autre remède, contre les maux qui désoloient l'état, qu'une nouvelle suspension; *M. Peixotto fils*, marchant sur les traces de son père, & dédaignant des avantages, que les circonstances auroient rendu légitimes, occasionna par les mêmes procédés le *baissement* du change, & ramena le calme dans Bordeaux.

Mais, si la maison de Peixotto se montre digne de ses prétentions, elle peut aussi les appuyer sur plusieurs titres.

*David Athias*, rabbin de Bordeaux, atteste, „ que par la dénomination de
„ *cohen*, sont reconnus les descendans
„ d'*Aaron*, premier pontife des Juifs,
„ comme nous voyons, par les saintes
„ écritures, que tous les *cohens* sont descendus de Lévi......; & les ancêtres de
„ feu M. Isaac de Peixotto ont été reconnus, de même que feu M. Jacob de
„ Peixotto, *tels parmi la nation*, leur

» famille jouissant des mêmes prérogatives.

Jacob Bathias, rabbin de Bayonne, atteste, » que le fils de feu M. Isaac » Peixotto de Bordeaux, ainsi que sa » famille, ont toujours été reconnus pour » *cohens & sacerdotes*, & qu'en cette qua- » lité ils ont fait toutes les fonctions, » tant dans nos synagogues, que dans les » occasions particulières.

Les rabbins d'Hambourg attestent, » que ceux qui portent le nom de *cohen*, » ( mot hébreu, qui signifie propre- » ment *sacerdote*) sont reconnus, parmi » les Juifs, *descendans d'Aaron, premier » pontife*; ce qui conste évidemment de » la sainte écriture, où il est dit, que » tous les descendans d'Aaron se dénom- » mèrent *cohen*, & furent chargés d'admi- » nistrer le culte divin dans le temple, » de rédimer les premiers nés, de bénir » le peuple aux jours solemnels, & de » plusieurs autres préceptes sacerdotaux: » & c'est par cette raison qu'on a toujours » gardé une plus exacte généalogie de » cette race, par le moyen d'une fidelle » tradition. Tous ceux qui portent ce » nom sont jusques aujourd'hui vénérés & » respectés parmi nous, comme sacerdotes, » dont ils conservent encore aujourd'hui

toutes

» toutes les fonctions compatibles avec
» notre présent état ; comme d'avoir le
» premier lieu dans toutes les cérémo-
» nies des synagogues, de rédimer les
» premiers nés, de bénir le peuple, &
» plusieurs autres prérogatives : *c'est donc*
» *en cette qualité*, que la famille de M.
» Peixotto, qui porte le nom de *cohen*,
» a été reconnue ici ; & l'on trouve, dans
» les regiftres, le vénérable nom de M. *Ja-*
» *cob cohen Peixotto*, dans l'an 5466, (qui
» correspond à l'année 1706) marié avec
» la Dlle. fille de M. *Daniel Abenfac*. Il eft
» certain que ledit fieur *Jacob Peixotto*,
» & toute fa famille, exercèrent toutes les
» fonctions facerdotales, & *furent recon-*
» *nus pour cohen ; ce qui est une vérité in-*
» *conteftable.*

Les Rabbins de Londres ajoutent à ces
expressions : » C'est donc dans cette qualité,
» que le fieur Samuel Peixotto, qui porte
» le nom de cohen, a été reconnu à
» Londres ; & on trouve dans les regiftres
» de la nation (au nombre 328) le nom
» de M. Samuel Peixotto, marié dans
» le huitième adar de l'an 5522 (qui
» répond au 3 mars 1762), avec la Dlle.
» Sara, fille de M. d'Acofta ; & il eft
» certain, que ledit Samuel Peixotto

» exerça à Londres les fonctions sacerdo-
» tales, & fut reconnu pour *cohen*.

Peut-il donc rester le plus léger doute sur les prétentions de M. de Peixotto ? La reconnoissance personnelle de l'exercice du *cohénat* est établie en sa faveur, suivant l'attestation du Rabbin de Londres ; sur la tête de son père, suivant l'attestation du Rabbin de *Hambourg* ; sur celle de son ayeul & de son père, à l'époque de l'établissement de la synagogue de *Bordeaux* : elle est appuyée par les écrits des Rabbins de *Bayonne* & de *Bordeaux*, *sur l'écriture sainte & la tradition. A Londres*; M. Peixotto, à *Hambourg*, à *Bayonne*, son ayeul ; ont joui des mêmes privilèges ; à *Bordeaux*, son ayeul & son père en ont été en possession : cette *série*, conforme à l'usage immémorial où sont les Juifs, de reconnoître les privilèges, l'antiquité & la filiation non interrompue du *cohénat*, remonte jusqu'à l'année 1638, que M. de Peixotto sortit de l'*Espagne* & du *Portugal*.

Les circonstances ne lui permettoient pas d'y réunir alors l'exercice journalier, puisque les Juifs n'avoient pas de synagogues à *Bordeaux* : ainsi la noblesse du *cohenat étoit comme dormante* ; mais à peine les Juifs reprennent-ils une existence religieufe, *le cohenat héréditaire de la famille Peixotto* reprend fa premiere vigueur (1). Le fouvenir n'en étoit point effacé : M. *de Peixotto*, qui l'avoit apporté d'Efpagne, vivoit encore ; & fa famille, fuivant l'atteftation de *Bayonne*, avoit *confervé*, fans interruption, les honneurs & l'état de *cohen*, notamment *au bourg du port Saint-Efprit*.

Les Rabbins dans leurs leçons, le peuple par fon fuffrage, les livres faints par leurs expreffions, défendent la *poffeffion immémoriale* de M. de *Peixotto*, contre la nuit des temps & l'obfcurité des fiècles précédens.

Ce mot n'eft point hafardé : MM. de Peixotto *ayeul*, *père* & *fils*, ont eu la jouiffance publique du *cohenat*. Quand on voudroit ne remonter qu'au commencement de notre fiècle, (époque de la fondation de la fynagogue de Bordeaux) MM. de Peixotto auroient le temps néceffaire pour acquérir une propriété inconteftable. Si, pour fe conformer aux principes généraux, on reporte la date de cette pof-

―――――――――――――――

(1) Il étoit naturel, en effet, qu'un événement auffi important, amené par le zèle de M. de Peixotto, devînt, pour fa poftérité, une époque glorieufe.

fession à l'année 1638, qui la vît commencer en France, on forme bientôt la chaîne qui la lie avec celle qui s'eft toujours confervée fans interruption en Efpagne & en Portugal : elle n'a pu exifter, dans aucun pays comme dans aucun temps, qu'au moyen d'une tradition invariablement foutenue ; *quomodò enim ufurpare quid poteft, fi priùs traditum non eft ?*

Auffi voyons-nous qu'un prélat dont la pureté de la doctrine fera mémorable à jamais, ne craint pas d'attefter l'antique ufage en *Efpagne*, d'appliquer le mot *cohen* aux Juifs des races facerdotales. Son fuffrage, écrit dans l'acte de baptême de M. *de Peixotto*, eft fondé fur l'étude de la tradition, de l'écriture fainte & de l'opinion.

Enfin, les loix profanes, pour rendre plus certain encore le triomphe de la vérité, nous enfeignent que le centre d'une chaîne généalogique n'eft plus douteux, lorfque les premiers & les derniers anneaux font inconteftables (1).

---

(1) *Gl. in cap. accid.* 17, *fub verbis extremis* de controverfiâ conjug. *in cap.* per tuas 6, *fub verb.* de cond. oppof.

Alciat, *de præfumpt. reg. juris*, pag. 22.

Scheindevin, pag. 196, n°. 6.

*Ainſi* s'eſt accomplie cette promeſſe de Dieu à *Abraham*, tant de fois répétée par les chrétiens & par les Juifs : *Je conſerverai ta race, comme les étoiles du ciel* ; M. de Peixotto eſt compris dans ces paroles ſacrées.

Ses garans ſont les ſignes caractériſtiques déterminés, par *Moïſe* & par *David*, entre les familles conſacrées à la *grande prêtriſe*, connues ſous le nom de *cohen*, iſſues d'*Aaron* même, & celles des ſimples *lévites*.

La religion chrétienne & la religion Judaïque confirment la nobleſſe de ſon origine, par les rapports que les myſtères de la nouvelle loi ont avec les ſymboles de l'ancienne.

Les grands tableaux de l'hiſtoire du monde & des religions, donnent à ſa généalogie, par la vivacité de leurs couleurs, la force de leurs repréſentations, le brillant de leurs images, un éclat, dont il eſt difficile de ſe défendre.

*Enfin*, ſi les rois de *Perſe*, les ſucceſſeurs d'*Alexandre*, & les *Céſars*, ont honoré les deſcendans d'*Aaron* ; ſi *le roi de Grenade* couvrit de gloire *Samuel Lévi* ; ſi *Mahomet II* accorda ſa protection aux *cohens* ; M. de Peixotto ne peut-il pas concevoir l'espérance flatteuse, qu'un roi catholique (1) voudra bien étendre les effets de sa bienveillance sur le chef d'une race distinguée par le choix de Dieu, par le sacerdoce & par le sceptre ?

―――――――――――――――

(1) C'est dommage que le Roi d'Espagne soit mort ; car le Cohenat pourroit bien le suivre : [*note de l'éditeur.*]

F I N.

www.ingramcontent.com/pod-product-compliance
Lightning Source LLC
Chambersburg PA
CBHW060944050426
42453CB00009B/1122